U0481401

名人传

苏武

十九年的孤独背影

〔马来〕符爱萍 著　　王平 绘

人民文学出版社
PEOPLE'S LITERATURE PUBLISHING HOUSE

著作权合同登记:图字 01 - 2023 - 1739 号

图书在版编目(CIP)数据

苏武:十九年的孤独背影/(马来)符爱萍著;王平绘.—北京:人民文学出版社,2018(2024.1 重印)
(名人传)
ISBN 978-7-02-014294-1

Ⅰ.①苏… Ⅱ.①符… ②王… Ⅲ.①苏武(? —前60)-传记 Ⅳ.①K827 = 341

中国版本图书馆 CIP 数据核字(2018)第 103890 号

责任编辑 **卜艳冰 吕昱雯**
装帧设计 **汪佳诗**

出版发行 **人民文学出版社**
社　　址 **北京市朝内大街 166 号**
邮政编码 **100705**
印　　制 **山东新华印务有限公司**
经　　销 **全国新华书店等**
字　　数 **49 千字**
开　　本 **890 毫米×1240 毫米 1/32**
印　　张 **3.75**
版　　次 **2018 年 8 月北京第 1 版**
印　　次 **2024 年 1 月第 2 次印刷**
书　　号 **978-7-02-014294-1**
定　　价 **35.00 元**

如有印装质量问题,请与本社图书销售中心调换。电话:010 - 65233595

序

不论世界如何演变，科技如何发达，但凡养成了阅读习惯，这将是一生中享用不尽的财富。

三民书局的刘振强董事长，想必也是一位深信读书是人生最大财富的人，在读书人数往下滑落的多元化时代，他仍然坚信读书的重要性。刘董事长也时常感念，在他困苦贫穷的青少年时期，是书使他坚强向上；在社会普遍困苦、生活简陋的年代，也是书成了他最好的良伴。他希望在他的有生之年，分享这份资产，让其他读者可以充分使用。

“名人传”系列规划出版有关文学、艺术、人文、政治与科学等各行各业有贡献的人物故事，邀请各领域专业的学者、作家同心协力编写，费时多年，分梯次出版。在越来越多元化的世界中，每个人都有各自的才华与潜力，每个朝代也都有其可歌可泣的故事，但是在故事背后所具有的一个共同点，就是每个传记主人公在困苦中不屈不挠的经历，这些经历经由各位作者用心查阅有关资料，再三推敲求证，再以文学之笔，写出了有趣而感人的故事。

西谚有云：世界因有各式各样不同的人，才更加多彩多姿。这套书就是以“人”的故事为主旨，不刻意美化主人公，以他们的生活经历为主轴，深入描写他们成长的环境、家庭教育与童年生活，深入探索是什么因素造成了他们的与众不同，是什么力量驱动了他们锲而不舍地前行。以日常生活中的小故事来描写出这些人为什么能使梦想成真，尤其在阅读这些作品时，能于心领神会中得到灵感。

和一般从外文翻译出来的伟人传记所不同的是，此套书的特色是由熟悉文学的作者用心收集资料，将知识融入有趣的故事，并以文学之笔，深入浅出写出适合大多数人阅读的人物传记。在探讨每位人物的内在心理因素之余，也希望读者从阅读中激励出个人内在的潜力和梦想。我相信每个人都会发呆做梦，当你发呆和做梦的同时，书是你最私密的好友。在阅读中，没有批判和讥讽，却可随书中的主人公海阔天空一起遨游，或狂想或计划，而成为心灵

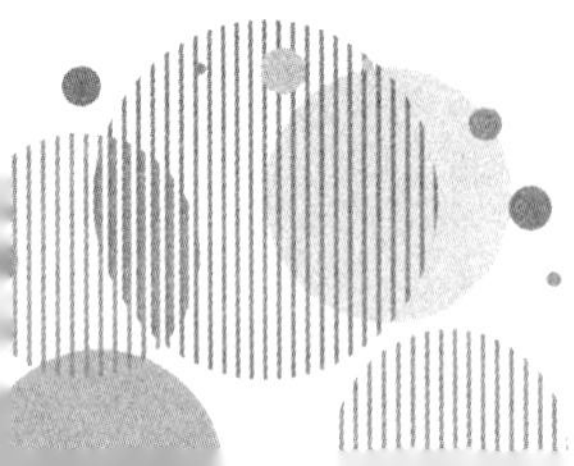

知交。不仅留下从阅读中得到的神交良伴（一个回忆），如果能家人共读，读后一起讨论，绵绵相传，留下共同回忆，何尝不是一派幸福的场景！

谨以此套“名人传”丛书送给所有爱读书的人。你们都是世界上最幸福的人，因为一直有书为伴，与爱同行。

目　录

1. 武帝驾崩 ………………… 1

2. 回首来时路 ……………… 9

3. 抵达匈奴 ………………… 30

4. 牧羊北海 ………………… 41

5. 李陵劝降 ………………… 54

6. 美丽的草原之花 ………… 74

7. 告别北海 ………………… 85

8. 李陵送别 ………………… 91

9. 归汉的一刻 ……………… 98

苏武小档案 ………………… 106

名人传

苏　武

？—前60

1. 武帝驾崩

嗒嗒的马蹄声自远方传来，在广阔的北海[①]草原上回荡着。多么熟悉而又陌生的声音啊！有多久不曾听见这马蹄声了，会是谁呢？苏武此时正在遥望着那无边无际的北海，不禁回过头来，引颈望向声音的那方，但仍不见半个影儿。该不会是李陵吧？他又来劝我投降？已经过了多少年，难道他还不死心？一想到已投降匈奴的李陵，苏武的心里一痛，摇了摇头，唉，李陵啊！李陵！

“爹！爹！”看见小通国急匆匆地向他奔来，苏武笑了。这小家伙刚才还在草原上滚来滚去玩儿呢。

“通儿，怎么啦？”

“爹瞧！瞧！”

---

① 北海：当时匈奴的北境，今贝加尔湖，位于俄罗斯东西伯利亚南部。

说时迟，那时快，一匹高大壮硕的马已在眼前停下来了。那骑在马背上英姿飒爽的身影好生熟悉，果然是久未相见的李陵。

“子卿[1]！好久不见。”李陵双眼依然炯炯有神，不待下马，他就激动地对苏武呼唤。故友来访，苏武也十分高兴。

“少卿[2]！”

“咦，这是……”

“小儿通国。”

“前闻子卿已有妻儿为伴，这下可好，在这荒凉的北海，子卿不再寂寞了。”

通儿紧紧握着爹爹的手，好奇地用乌溜溜的眼睛打量着李陵，见这高大的叔叔伸手过来想要抱他，就吓得闪到爹爹身后。

“哈哈哈！少卿见谅，见谅。通儿自小从未见过生人，害臊哪！”

“哪里，哪里。瞧我这副凶相，吓着小孩了。”

---

① 子卿：苏武，字子卿。

② 少卿：李陵，字少卿。

“通儿，去唤你娘亲吧！说有客到了。

“少卿，老远赶来，到寒舍歇歇吧！”

李陵不说话，只点了点头，两人一同往不远处的穹庐[①]走去。

苏武的妻子胡阿云置酒接待这位远来的宾客，先向他敬一杯，就带着通儿到草原看羊去了。让久别的故友畅快地聊吧，她心想。李陵，她已久闻其名，看他的模样，也不像一般没有骨气的降将。李陵的悲惨遭遇，阿云是听说过的，心里对他不无同情。但他今天的造访，会带来什么消息呢？阿云暗暗地忧心。

李陵坐下后就一直沉默不语，神色凝重，似乎怀着重重心事。

“少卿。”

李陵抬起头。

“少卿这次远道而来，是否有要事相告？”看着李陵的表情，一种不祥的预感忽然袭上心头。

---

① 穹庐：匈奴人日常生活的居室，是一种圆形帐篷，形同现在的蒙古包。

李陵依然沉默，摇了摇头，欲言又止。

“莫非那可恶的匈奴单于[①]又差您来劝降？如果是要我投降的话，您就别说了！”苏武一想到投降，怒气立刻涌上心头，说话的语气顿时加重许多。

“非关劝降，我难道还不明白您的心迹吗？不久前，匈奴在边境捉到几个云中的百姓。我刚巧遇见，就向他们细细打听汉朝的情况。他们说自太守以下，所有的官吏、百姓都穿着白色的丧服，皇上[②]……皇上已经……驾崩了。”李陵好不容易才把话说完。

穹庐中一片沉默，两人都低头不语。不久，低低的哭泣声隐隐约约地从里头传了出来。

“皇上！皇上！”苏武终于无法按捺极度的悲恸，他奔到湖边，奔向他常常思乡、望乡的地方，重重地倒下痛哭。

“皇上……皇上……”

整个山河大地仿佛也感染了他的悲伤，它们在他的面

① 单于：匈奴领袖的称呼。
② 李陵所说的“皇上”是汉武帝刘彻。

前不住地摇晃。那伴他度过多少岁月的北海，此时也波涛汹涌，不似刚才的平静。天，飘雪了。

阿云和通儿被眼前的景象——那躺在地上，不断地呼号的苏武——吓到了。通儿躲到娘亲的怀中颤抖着，不敢看爹爹的样子。阿云也被这一幕惊呆了。李陵默默地走到她身旁，说："夫人，皇上驾崩了。"

他们三人站在遥远的平原一角，望着他们最亲爱的爹爹、丈夫和友人，看着他不断地朝南叩首跪拜。那痛哭哀号的声音，任何人听了都会心碎。他们别过脸，不忍再目睹这悲惨的画面。

渐渐地，哭泣声开始夹带着咳嗽，又像是呕吐的声音传来。

"娘！爹！血，血。"

草原染成了一片红，苏武大口大口地呕血，虚弱地躺在草地上。三人急奔过去。

"相公，进去歇会儿吧，不要伤了身体。"阿云心疼地与李陵一起搀扶着近乎昏迷的苏武，她多么希望能为他分担一些悲伤与哀痛。

“子卿，李陵告辞了。您多保重。”李陵告别了苏武和阿云，拖着沉重的脚步在北海边走着。他在刚刚苏武叩拜的地方停了下来，地上的积雪，带着微微的红色。

“这是子卿的血吗？子卿啊子卿，真是大汉的忠臣啊！李陵没有面目再见您了。”说完，他伏在雪地上低声地垂泣。

此时，北海的风，似乎也随着他哀鸣。良久，李陵才起身上马，扬起马鞭，消失在北海的草原上。

从那一天开始，苏武每天早晚都独自一人在草原上，面朝南方哭泣，哀悼先皇。虽然身不在汉朝，但他相信只要心是汉臣，终生都是汉臣，不管在何地都要尽汉臣之礼。

“娘，娘，爹……”

“嘘——通儿乖，爹爹难过，因为爹爹亲爱的人死了。”

“死？”

“就是去了很远很远的地方，永远都不能看到他了。如果通儿永远都看不到爹爹娘亲，通儿难不难过？”

通儿似懂非懂地点点头。

“就是这样。记得爹爹常常向你说的故事吗？故事里的皇上死了，爹爹永远都看不到他了。爹爹难过时，通儿不要吵爹爹，知道吗？”

“知道。”

阿云因为自己无力减轻丈夫的痛苦而感到难过，此时见到通儿乖巧的模样，她紧锁的眉头稍稍地舒展了。她陪着通儿在羊群间玩耍，希望丈夫的伤痛会随着时间一天天地好转。

苏武已数不清他离开家园多少时日了，在北海的日子年年如一，没有故国迎春的喜悦，时间就像僵化了似的。但他知道，时间不留情地一天天过去，他已经老了，威武的皇上已经驾崩了。

“唉，人事已非啊！”

他想自己必定要在此荒野之地终老了。然而欣慰的是，他至今仍坚守着使臣的节操，没有做出背叛祖国的事，他相信自己能坚持到死去的那一天。

他已经老了，但往事恍如昨日一般清晰，一幕幕浮现在他的眼前。

2. 回首来时路

这一天，移中厩监[①]苏武的家里张灯结彩，点起了贺寿的大红灯笼，眼前尽是一片热闹的喜庆景象。原来今天是苏母的寿诞，苏家三兄弟特别为母亲准备了寿筵，欢喜地为母亲庆寿。

“愿娘亲福如东海，寿比南山！”

“愿娘亲福星高照！”

苏母在一片贺寿声中笑得合不拢嘴，但想到已逝的老伴，心中就一阵感伤，无限感慨。

“娘亲，孩儿向您敬酒。”

苏母举起酒杯，酒杯微微地颤抖着，两行热泪已流了下来。

---

① 移中厩监：汉宫移园中养马的地方叫移中厩。厩监是管理马厩的官。

"今生能与儿孙共享天伦之乐，我死也无憾了。只可惜你爹他无福消受。"

"娘，莫难过。爹在天之灵有知，也会感到欣慰的。"

"娘，且宽心。儿再敬娘一杯，愿娘身体康泰。"

看见母亲微笑地点头，喝下一口酒，兄弟们才稍稍放了心。孙儿们已闹成一团，争着要夺金盘上的寿桃。媳妇喝止这群嬉闹的小孩后，他们又一窝蜂地拥到奶奶身旁，几张小嘴七嘴八舌地说个不停。一家老少的欢笑声，伴着喜气洋洋的寿乐，一片闹哄哄。堂前的寿烛火光摇曳不停，仿佛随着乐声欢快地起舞。寿酒、寿果也为这一家人增添了喜悦的气息。

"但愿年年如此日，欢乐如今宵。"

"一家的和乐，万金难买啊！"陶醉在这幸福时刻的苏武感叹地说着。

苏武从来没有忘记父亲苏建。兄弟三人皆因父亲对国家的功勋而被任为郎①。大哥苏嘉如今已是奉车都尉②，弟

① 郎：皇帝的近侍。

② 奉车都尉：掌管皇帝的车舆，并随侍皇帝出行。

弟苏贤则是骑都尉①。

“身为朝廷官员，受皇上所用，切莫忘君恩国恩，以忠义报国！”

三兄弟时时刻刻记挂着父亲的教诲：为官，对国家尽忠；为子，对父母尽孝。

一家人正欢聚堂上，忽听外面传来：“圣旨下！”家仆急急地赶来告知：“二爷，二爷，圣旨下。”

苏武命人：“快排香案。”

只见大伙儿忙收过筵席，回避到里屋去了。

苏武跪听圣旨，谢过恩，心中喜忧参半：喜的是，皇上赋予他重任，命他出使匈奴，护送匈奴使者回国；忧的是，此一去，前路茫茫，不知何日方为归期。

※　　　※　　　※

中国北部居住着许多游牧民族，匈奴是其中势力最强大的一族，号称北方的草原之主。他们居无定所，过着游牧生活，寻找肥美的水草放牧牛羊。匈奴从黄帝时代开

① 骑都尉：负责掌管羽林军的高级军官。

始，一直都与中原有冲突。冬天的时候，由于中原气候温暖、水草肥沃，匈奴常常“南下牧马”，对在边地耕种的农民造成许多干扰。他们还会趁着秋天马匹肥壮之时，抢劫住在边境的百姓，不但掠夺财产、牲畜、食物和各种生活必需品，甚至还会杀人、抢人去做奴隶，弄得人心惶惶。百姓们都十分害怕匈奴的侵扰，终日提心吊胆，苦不堪言。

“唉！”苏武慨叹。匈奴不容易控制，自虞、夏、殷、周时就已是如此。秦并吞六国时，各国忙于应战，匈奴趁机占据了河套地区的河南地。后来秦始皇派大将蒙恬率兵三十万北袭匈奴，夺回河南地。第二年秦军又进军匈奴，使匈奴被迫向北迁徙。为了防御匈奴，秦始皇下令修建了历史上有名的万里长城。

秦末汉初之际，匈奴出现了一位强大的领袖——冒顿单于。单于原本的名字叫作撑犁孤涂单于，“撑犁”就是天，“孤涂”是子的意思，而最后二字“单于”就是广大，所以撑犁孤涂单于也就是“由天而生的大君王”。在冒顿单于的领导之下，匈奴军南征北伐，东破东胡，西取月氏，北伐丁零、坚昆，又向南吞并了楼兰、白羊的土地，重新占据了河南地。当时中原正是楚汉战争，无暇外顾，匈奴的势力就愈来愈强大，拥有弓箭手三十多万人，频频发动战争，称雄北地，威震四方。匈奴是战马上的剽悍民族，尚武勇猛，天性好战。匈奴人从小就开始学习骑马射箭，所以他们长大之后都十分骁勇善战。

在高祖刘邦①即位后的第二年，匈奴发兵围攻边境的韩国国都马邑，韩王信投降匈奴。高祖亲自率军攻击韩王信，韩王信兵败，逃往匈奴。

高祖想攻打匈奴，便先派人前往窥探，只见老弱残兵，就以为匈奴衰弱，不堪一击。原来冒顿单于想要迷惑汉军，故意将其精兵隐匿起来。高祖中计，率领三十二万大军前往进攻。

高祖先至平城，军队尚未全部到达，只见冒顿已率四十万精锐骑兵，将高祖重重包围于平城东北的白登山之上，汉军整整七天七夜都无法突围，情况万分危急。后来

---

① 高祖刘邦：西汉王朝的开国皇帝。

采用陈平的计谋，派人送了厚礼给冒顿宠爱的阏氏①。阏氏劝单于说：“单于与汉王不应该相互围困。况且就算今日取得汉地，也无法久居。听说汉王有神明庇佑，不得轻犯，希望单于您能三思。”恰逢已投降匈奴的王黄、赵利也未如期与单于军会合，使冒顿怀疑他们与汉军串通，就解开围圈的一个角落，高祖才得以在陈平等人的保护之下突围而出。此时，大汉的军队已至，冒顿见失去战胜的佳机，便撤兵离去。

白登之围使高祖认识到匈奴的厉害，汉朝恐怕暂时无法以武力使匈奴屈服。为了汉朝的安宁，高祖只好采用刘敬的和亲之计，与匈奴讲和，彼此以兄弟相待。此外，还把公主嫁给单于，每年送上许多的缯帛、食物等作为礼物。这个方法还真有效，匈奴侵扰的次数果然减少许多，一直到高祖末年，匈奴都没有大举进攻。

没想到，高祖死后，冒顿单于愈发骄纵了起来，竟然

① 阏氏：汉代时匈奴单于之妻的称号。

写了一封轻薄下流的书信羞辱吕后[1]。吕后与朝廷众臣怒不可遏，想要出兵攻打匈奴。无奈当时汉朝的实力仍不足以和匈奴对抗，只好将此事作罢，继续以和亲的方式与匈奴维持表面的亲善，其实心中对他们可是恨之入骨。因此，汉朝的皇帝没有不把匈奴当成世仇的。

一直到了武帝的时候，武帝为了一雪前耻，终于对匈奴发动了战争，把匈奴赶到遥远的漠北。匈奴在大战中元气大伤，汉朝的边境恢复了盼望已久的宁静。汉与匈奴在经过十几年的战争后，双方终于暂时休战，百姓也得以喘一口气，过上安定的生活。

虽然吃了几次败仗，但顽强的匈奴并不死心，他们一直等待着进攻的机会。后来，匈奴又开始骚扰边境的百姓了，还把前往交涉的汉使扣押了下来。为了报复，汉也扣押着匈奴使者不放。看来，一场大战势所难免了。

---

① 吕后：吕雉（前 241—前 180 年），汉高祖刘邦的皇后，为人有谋略。刘邦死后，其子惠帝立，吕后被尊为皇太后。惠帝即位时只有十七岁，天性柔弱又多病，所以当时实际上是由吕后掌权。惠帝死后，吕后又先后立了惠帝二子刘恭、刘弘为帝，都年幼，一切大权仍然操纵在吕后手中。吕后前后掌权达十五年之久。

但事情的发展似乎出现了转机。苏武听说，被扣押的使者郭吉、路充国等人回来了。他们可不是自己逃回来，而是匈奴单于派使者把他们送回来的。这诡计多端的单于，这回又想玩什么把戏？刚即位的且鞮侯单于还附上一封十分谦卑的信，说他自己是儿子，汉朝的天子是他的长辈，儿子怎么敢冒犯长辈呢？虽然匈奴的态度突然出现一百八十度的转变，令人难以置信，但仔细想想，这并不是完全不可能的。由贰师将军李广利率领的汉军征服了大宛国，令汉朝威震四海。匈奴一定是害怕汉朝也会来攻打自己，所以急忙把过去拘留的汉使都送回来，还低声下气地自称晚辈。

“这匈奴可真是识时务啊！”苏武心想。

既然匈奴已主动示好，武帝也打算以礼相待，将以往扣留的使者送回，还准备了一份厚礼，以答谢单于的一番好意。苏武将以中郎将①的身份，护送匈奴使者回归家园，并传达友好之意。

---

① 中郎将：官名，皇帝侍卫官的领袖。

但愿双方从此以后能和平共处，不要再打仗了。这应该是老百姓共同的愿望吧！若以目前的情势看来，双方的关系友好，他率领的使节团应该可以安然无恙的归来。但苏武总是觉得不太放心。匈奴的态度向来反复无常，难以捉摸，这一次会不会又生出什么事端呢？

“儿啊！皇上下圣旨召你，却是为何？”

听见母亲唤他，苏武回过神来：“娘，皇上有旨，派孩儿出使匈奴。”

“如此。何日启程？”

“孩儿明日上朝，再回娘知道。”

母亲已垂垂老矣，此次远别，万一有什么不测……娘，请恕孩儿不孝。纵然不舍，苏武一颗随时准备献身的心却从未动摇。

※　　※　　※

“三日之后启程，不得延误。”

圣上的命令，可不能违抗。这三天是苏武一家人最宝贵的欢聚时光。如今汉朝强盛，匈奴畏强，家人都深信苏武一定能平安归来。只是路途遥远，这一往一返，相隔数月方得相见，因此仍不免感伤。

“相公，身在异地，万事小心，可要保重身体。”

苏武对妻子笑笑，表示“知道了”。

“娘亲我会勤侍奉，家务你也莫操心，只愿相公功成早日归来。”

夫妻俩似乎有说不尽的话，说到最后两人垂泪相对。

苏武忙为妻子拭去眼泪，安慰道：“莫担心，你说的一切我都会铭记在心。苏武必完成使命，早日回京。”

三天的时间一晃儿就过去了。临别之际，家人一遍一遍地嘱咐、叮咛，苏武一一答应。

拜别母亲之时，苏武道：“娘亲，昔日郭吉、路充国等出使匈奴，今日方归。匈奴反复无常，儿这一去也吉凶未卜，祸福难测。孩儿深恐未能尽孝……”

“儿休挂念。当今国事为要，莫只惦骨肉团圆。为国捐躯，大丈夫之志也。”

看见母亲坚毅的神情，苏武心头一宽。母亲如此深明大义，苏武必不负使命！

时辰已至，一家人目送着苏武离去。

※　　　※　　　※

如此，天汉元年（前 100 年），苏武率领副中郎将张胜，随行官吏常惠，还有士兵等一百多人，浩浩荡荡地前往匈奴。

“这也是父亲与匈奴作战时的必经之路吧！”一路上，苏武一再想起父亲，父亲奋勇作战的身影时时在他的脑海中浮现。

苏武的父亲苏建也曾参与汉匈之战。元朔六年（前 123 年）春天，武帝命大将军卫青率领公孙敖、公孙贺、赵信、苏建、李广、李沮等六将军从定襄出兵攻打匈奴，斩杀好几千人而还。同年夏天，再率六将军与十余万骑兵由定襄出击，共斩杀、俘虏了一万多人。其中，卫青的外甥霍去病只率八百骑兵，离大军几百里，深入敌人阵营中，斩获首级两千多，斩杀单于祖父、俘虏了单于的叔父及许多重要首领，凯旋归来。

汉军获得大胜，但苏建所率的军队却遭到了惨败。他

和前将军赵信的三千骑兵单独遇到单于的主力大军，两方经过一番激战，汉军奋力作战一天多，三千人马几乎悉数战死。赵信见颓势无法挽回，竟向敌军投降，苏建则拼命突围逃回营中。

周霸以苏建弃军逃回为由，要求大将军依军法斩杀苏建，以立军威。其实，苏建仅以数千的骑兵抵挡匈奴数万的大军，胜败自然不言而喻，但苏建仍竭力作战，直至最后一兵一卒，他仍不愿投降。明知回营将面临失军的惩罚，仍坚持逃回汉营。

幸好大将军认为不可妄下决定："如果斩苏建的话，岂不表示以后战败可以投降敌军，不用回来了吗？"为了慎重起见，大将军认为此事应留待回京后由皇帝亲自裁决。皇帝最后决定把苏建废为庶人以示惩罚。

尽管苏建战败了，但苏武心中的父亲却是不败的。他深深敬佩父亲，坚持作战到最后一刻的精神。身边的战友一一倒下去，父亲仍在奋力作战，那是何等壮烈的场面啊！

这次苏武奉命护送匈奴使者归乡，虽然前途未卜，但

仍希望效法父亲的精神，圆满达成任务。“爹，孩儿也要像爹一样!”苏武在心中暗自期许着。

汉与匈奴的战事未曾停歇，最大规模的一次战事，是由大将军卫青、骠骑将军霍去病率领几十万人马，穿越沙漠，深入匈奴根据地。卫青从定襄出兵，深入沙漠一千多里，大战单于军，突然风沙大起，汉军趁机从左右两方围攻单于。单于见汉军众多，而且兵强马壮，自料无法取胜，就在双方军队混战之时，乘车率兵向西北飞驰而去。汉军发动轻骑追击了二百多里，边追边战，虽然不见单于，却斩杀了一万九千人。另一方面，骠骑将军霍去病率军由代郡前进两千多里，遇匈奴左贤王大军，双方激战，汉军大胜，俘虏了屯头王、韩王等三人，将军、相国等重要首领八十三人，斩获七万四百多首级。

汉军出征时马有十四万匹，回时只剩不到三万匹。匈奴人被斩杀和俘虏的共有八九万，但战死的汉军也有好几万人。虽然汉军在这一次的战争中获得大胜，但损失依然惨重。

匈奴在战争中受到了沉重的一击，从此便退到遥远的沙漠北方，不敢再踏足边境，沙漠以南再也没有匈奴王庭。匈奴已不敢贸然进犯，汉朝也因为年年用兵，人力、物力都已经消耗殆尽，无力再大举远征进攻。随着战争的平息，老百姓终于得以过安宁的日子了。

大战结束后的几年间，匈奴一再派使者来到汉朝，好言请求恢复和亲。但此时汉朝已以胜利者自居，认为匈奴必须先臣服才能通好。丞相任敞前往匈奴见单于，说："匈奴既然已被打败，就应该向汉朝投降，做大汉天子的下臣。"单于听了很生气，不让任敞归汉。

如此又过了近十年，元封元年（前 110 年），武帝大举巡狩[①]边境一带，率兵十八万向匈奴示威，派遣使者郭吉对单于宣旨："告单于，今日天子已亲自率军在边境守候，单于若还能作战的话，就请来一战，若不敢战的话，就来投降吧！又何必自讨苦吃，远走逃匿到这寒冷无水草之地，挨饿受冻呢！"单于一听怒不可遏，马上斩杀引见郭吉的人，并把郭吉扣押下来。

---

① 巡狩：主要指帝王出京巡视地方与边疆的活动，也称为巡省、巡幸、巡守、巡游。

单于一方面派使者到汉朝请求恢复和亲，一方面远徙漠北，休养兵马，演习射猎。汉曾派杨信前往告知单于，先送匈奴太子入朝当人质，才将公主送来，单于不许。杨信回来后，汉使王乌再至匈奴。王乌是北地人，熟知匈奴的习俗，亲自入毡帐面见单于。单于喜欢他，谈得高兴，就说愿亲自入朝谒见天子，结为兄弟，永相友好。武帝大喜，特地为单于在长安修建了一座府邸。后来单于真的派了一位贵人前来，但贵人才到汉朝不久，就害病死了。武帝过意不去，就派路充国一行人以隆重的礼仪护送贵人之丧，还赠送价值千金的优厚赙仪①。单于怀疑贵人乃汉朝所害，因此勃然大怒，为了报复，就扣押了路充国等人。此后，匈奴又开始南下，常常越过边境侵犯掠抢。汉匈关系又开始紧张起来了。

汉朝和匈奴之间真是恩怨不断，若说要清算，还真是清算不完。什么时候才能让百姓过真正的太平日子呢？平静的日子才过了十多年，匈奴又开始蠢蠢欲动了。但这位

① 赙仪：慰问丧家或送给丧家办理丧事的礼金。

新单于的作风似乎有些不同，可能是位爱好和平的单于吧！苏武越想越觉得这次的任务非常重要，多么希望他这一去带回来的是好消息，他一定要尽最大的努力完成使命。

漢

3. 抵达匈奴

苏武等一百多人的汉使团在路上走了两个月，终于到了匈奴。且鞮侯单于摆设了酒宴招待他们，还亲自向汉使敬酒。苏武把礼物献上给单于，向他转达了汉皇的谢意。不料那单于见到汉朝天子送自己那么丰厚的礼物，以为汉朝畏惧匈奴强大的势力，心中洋洋得意，态度也开始傲慢了起来，不把汉使放在眼里。

苏武已看出且鞮侯单于并非真心想要友好，求和只是表面上的权宜之计，匈奴并没有诚意与汉朝建立永久的和平关系。这单于果然狡诈、反复无常，苏武料想这次的使命恐怕无法圆满达成了。他暗下决心，要尽速回京，向皇上报告这件事，好对匈奴加以防范。

在单于居住的毡宫①内，有一人常随单于左右，看样

---

① 毡宫：匈奴单于居住的穹庐称为“毡宫”，即帐篷宫殿。

子深受单于亲信。苏武向身旁的副使张胜询问，果然没错，此人就是早前投降匈奴的卫律。卫律的父亲是长水地方的胡人，他自小就在汉地长大，和皇上的宠臣李延年的交情很好。他是在李延年的极力推荐之下被派出使匈奴。回来的时候，李延年因罪全家被杀，卫律害怕自己也受到株连，又逃回匈奴，自愿投降。单于十分信任卫律，不但重用他，还封他为丁灵王。苏武见卫律对单于处处恭顺巴结的模样，心中十分不齿。

单于派人带汉使团到为他们准备的穹庐中歇息，途中遇见了虞常。虞常是长水人，过去在汉时与张胜相熟，异地相逢，两人寒暄了几句，互问近况，便拜别了。夜里，虞常一个人前往拜访张胜。两人举杯叙旧之时，虞常向张胜打听许多有关汉朝的事情，感叹说："不敢相瞒，我如今虽身陷此地，心却无时无刻不思汉朝。"又说，"虞常今天有一事相求。"张胜不疑有他，请他快说。

"听说皇上十分怨恨叛贼卫律，我能设法将他杀死。不过我的娘亲和弟弟都在汉，如果可以的话，请给他们一些赏赐，让他们的生活过得好一些。"

张胜心想能除去卫律未尝不是一件好事，就答应了。虞常临走前，张胜还送了一些财物给他。张胜把事情想得过于简单，他万万没有想到祸端就从与虞常相会的这一夜开始。

原来虞常与缑王正偷偷策划谋反。缑王是昆邪王姐姐的儿子，他原本已经跟随昆邪王投降汉朝了，但后来随汉军攻打匈奴时，兵败被俘，又被留在了匈奴。缑王时时想要归汉，与昆邪王等人团聚。他们计划劫持单于的母亲和阏氏回归汉朝，参与这次谋反起事的共有七十多人，其中还包括卫律投降时，一起带过来的汉朝士兵。

一天，单于出外打猎，只把阏氏和儿女们留在家中。虞常等人认为这是最好的时机，准备发动兵变。没想到有一人偷偷在夜里潜逃出去，告发了他们。单于的子弟亲属便先发制人，发兵偷袭。缑王等人被杀，虞常被活捉。这场叛乱还没开始就已经失败了。

张胜听到这个消息后大惊，害怕这件事会牵连到自己，于是连忙向苏武禀告。苏武一听，知道事态严重，着急地说：“事情已到了如此的地步，一定会牵连到我们！

我是大汉的使者，如果被当成犯人一样地受审，就等于让大汉受到了侮辱呀，如何对得起大汉呢？”说完就要拔剑自刎，幸好张胜和常惠眼明手快，把他的剑夺了过来，及时制止了他。苏武叹了口气，走出帐外。

苏武站在帐前，静静地望着空中的明月，陷入沉思。明天一早就要归汉了，没想到临走前却遇到了一桩麻烦事。汉使即大汉王朝的代表，身为堂堂汉使，若被当成犯人一样地被侮辱处死的话，那对汉朝真是莫大的耻辱啊！苏武觉得今晚的月亮似乎比平日还要圆还要亮。娘亲和妻子此时在做什么呢？应该是在数着日子，等着他回家团聚吧。常惠走到他身旁，也不说话，两人的心情都十分沉重。

“事到如今，唯有静观其变了。”良久，苏武说道。常惠点点头，他依然凝视着天空出神。汉使团的命运是吉是凶，只要等到明天一早，一切就会有答案。苏武、张胜、常惠三人怀着不安的心情度过了这一夜。

苏武一整夜都没有合眼。天刚破晓，他就命大家把行装准备好，前往单于处拜别。一行人整装待发，兴致特别高昂。正待单于的使者前来与他们相会的时候，一阵急促的马蹄声，由远而近，似乎有大队人马朝他们这个方向疾驰而来。远远望去，最前方的是卫律，其余的都是士兵。苏武心知不妙，不管怎样，他都准备沉着地面对即将发生的一切。

话说虞常被捕之后，交由卫律负责审问。卫律见虞常与汉朝副使张胜似乎熟络，又搜出前些时候张胜送给他的财物，心里存疑，便百般拷打审问。虞常禁不起严酷的拷刑，终于供出了张胜。单于知道汉使团也涉及叛变的事情，非常生气，想把他们通通斩首。有一位大臣说："只是谋杀卫律，就要处死，未免过重了。如果他们是要谋害单于的话，那又应该如何处置呢？不如劝说他们投降，反而可为我方所用。"单于也觉得有道理，就命卫律去招苏武受审。

卫律命士兵把汉使居住的帐幕包围起来，不让任何一人离开此地。接着，他就毫不客气地说："汉使苏武随我

来受审！”苏武冷静地转过头对常惠说：“身为大汉使者，折损了气节，让自己和大汉受辱，就算不死，我还有什么面目回去呢？”说完就举起佩刀刺向胸膛。

他这一举动吓坏了在场所有的人，常惠等人争相夺过佩刀，但已经太迟了，血如泉涌，染红了苏武的上衣。卫律大惊，亲自上前抱住苏武，急忙派人把巫医请来。北边天气寒冷，苏武的血液早已凝固，呼吸迫促。巫医在地上挖了一个坑，在坑中放一些只冒着烟却没有火焰的暗火，再让苏武伏卧在坑上，轻轻地拍打他的背，让淤血融解，渐渐流出。苏武没过多久就停止呼吸了，常惠等人放声大哭。但巫医却不慌不忙地请大家耐心等待。过了半天，苏武又开始回过气来，渐渐有了微弱的气息。常惠等人喜极而泣，把苏武抬回帐中休息。单于非常钦佩苏武的忠烈与刚强不屈，早晚都派人来问候苏武的伤势。因办事不慎而累及汉使团的张胜则被囚禁了起来。

苏武的伤势渐渐痊愈之后，单于就派使者来劝降，苏武都不理会。单于又请苏武参与虞常的审讯，想借此机会逼苏武归顺。卫律一开始就二话不说当场把虞常斩死，张胜被吓得脸色苍白，不住地发抖。苏武在一旁冷眼旁观，瞧卫律究竟想玩什么把戏。卫律冷笑，转过身，把剑指向张胜说："汉使张胜谋害单于近臣，论罪当死！今天单于网开一面，只要投降就可免去死罪。"说罢就举剑要砍。张胜被吓得连忙大喊："张胜知罪，愿降！"

"唉！这可怜的张胜，如此轻易就变节投降，大丈夫死何足惜呢。"苏武感叹道。只见卫律向他走来，大喝："副使有罪，正使也脱离不了责任！应当连坐！"苏武并没有被他吓到，神色自若地反问道："我没有和他们同谋，又没有亲属关系，为什么要连坐？"卫律举剑做状要斩杀他，苏武动也不动，一点也没有流露出害怕的样子。卫律见硬的不行，就把剑放下，又换了一副嘴脸说："苏武兄啊，想当年我背叛汉朝，来到这荒凉的地方归顺匈奴，也是情非得已的。幸蒙单于的大恩，封我为王，坐拥数万人口和如山一般多的马匹牲畜，还有享不尽的荣华富贵呢。苏武兄啊！我是怀着一片好心来告诉你的，如果你今日投降，明日就会像我一样；要不然，白白地葬身在荒野之中，有谁知道你的一片忠心呢？好汉不吃眼前亏啊！"这一番话苏武根本就听不下去，也没理他。卫律见苏武毫无反应，便用带点威胁的语气道："今日我好意相劝，若你因我而降，你我就可以兄弟相称；要不然，过了今天的话，你要想见我求情，也不行了！"

苏武听到这卑鄙小人要与自己称兄道弟的话，忍不住破口大骂："像你这种人，身为臣子，却不顾朝廷对你的恩义，背叛君主与亲人，投降匈奴，我还要见你做什么？真是毫不知耻！况且单于相信你，把决定别人生死的重任交给你，你不但不用公正的心扶持正义，反而不安好心，要挑拨汉匈之间的关系，使两主相斗，你就坐观祸福。我警告你，南越杀死汉使，立刻遭到灭亡的命运，国家被分为九郡；大宛王杀害汉使，结果人头被悬挂在北阙上；朝鲜杀死汉使，即时就被灭国。只有匈奴还没有杀死汉使。你明明知道我不愿意投降，却一再逼迫，是想点起战火，发动战争，使匈奴的祸端从我身上开始吗？"

苏武这一番义正词严的话说得卫律抬不起头来，他无言以对，也知道苏武不会轻易投降，只好照实向单于禀告。单于对苏武更加敬重，更想让他归降。单于又想出另一个方法，他把苏武幽禁在地窖中，断绝他的饮食，想用饥饿的煎熬逼使他投降。就这样过了好几天，被关在地窖中的苏武完全没有声息，匈奴人以为他已经死了。一看，苏武仍好端端地活着。

原来，饥饿的时候，苏武就抓起地上的雪和着毡毛吞下，就这样活了好几天。匈奴人见到苏武几天不吃不喝仍能活下来，都认为有神在庇护着他。

单于被苏武超乎常人的坚强毅力深深感动，他无计可施，又不甘心就这样轻易地屈服在一个小小的汉使之下。于是，单于把苏武放逐到北海荒寒无人的地方，叫他放牧一群公羊，对他说："好好地当个牧羊人吧！只要这群公羊生了小羊，就放你回去。"

公羊怎么可能生小羊呢？单于分明是决意不肯让他回去了呀！要么就归顺匈奴，要么就任你这硬汉子死在北海算了。

4. 牧羊北海

单于深信时间最容易消磨一个人的斗志，就算拥有超乎常人的坚强毅力，经过五年、十年的漫长等待，也会逐渐消退。这一次，他要和苏武打长期的心理战。北海，一个人烟罕至的荒野之地。“苏武，就让我看看你的能耐吧！就看你能在这个地方挺多久。你现在求饶，还来得及。”单于心想。只见苏武手持汉节①，神情依然平静，眼神透露出他的坚毅，丝毫没有想要屈服的意思。“好啊！好一个铁汉子！”单于暗暗叹服。汉使团中的常惠等人，则被关在其他的地方。这是单于的有意安排，让苏武一个人在遥远的北海饱受寂寞之苦。

经历了重重煎熬的苏武走了一段很长、很长的路，终

---

① 汉节：使者所持的一种信物，以竹为杆，上缀三层旄牛尾。

于到达了北海。领路的匈奴人头也不回地离开了。在这里，他无须再面对单于一而再的劝降。然而，他也知道，来到这荒凉的北海之后，他是不可能再回去了。

放眼望去，北海浩瀚无边，一望无际，多么辽阔啊！“如今，唯有羊群是我伴了。”手持汉节，苏武跪了下去。“皇上，臣罪该万死！是臣无能，没能尽忠守责，使汉使团被强行拘留在这匈奴之地！使百多人有家归不得！娘亲！请恕儿不孝！娘亲……”苏武声嘶力竭地哀号，一遍又一遍，也不知过了多久，方才躺倒在无人的草原上，沉沉地睡去了。梦中，他见到了皇上，见到了娘亲，见到了妻子、儿女和家人，他回到了温暖的家。他也梦见了父亲，父亲在沙场上以一当十，愈战愈勇。最后，他梦见了自己，躺在冰天雪地之中。

他醒了过来，茫然不知身在何处，只觉得好冷好冷。看见身旁的羊群，羊群也目不转睛地望着他，许久，才想起自己已被放逐的事。“在此地不知已过了多少时日，音讯全无，家中一定十分挂念，以为我已遭到不测。”“娘亲，切莫伤了身体。”想到家人此刻必定为他的安危而牵挂，他就心急如焚。家人知道他无恙吗？知道他此刻也在思念着他们吗？

“哼！匈奴将我放逐此地，想绝我生机，断我归汉的后路，我苏武岂是如此容易屈服！我苏武是一个顶天立地的男子汉，所作所为对得起天地良心，上天绝不会辜负有心人的。没有衣食，天地供我衣食！天地将养我、育我，供我所需！只要活着，总会有回去的一天。苏武生在汉，死亦在汉！绝不作匈奴的降鬼，为后世所耻笑！”

于是，苏武开始振作精神，寻找在此地生活的长久之计。他走进丛林中，想看看能否找到些什么。走着走着，渐渐觉得四肢无力，他才猛然想起自己已有一整天没吃东西了，北海又天寒地冻，难怪会体力不支。他已无力再走下去了，只好坐在树下休息片刻。忽然，他发现有小动物耸动的影子，定睛一看，原来是野鼠。他心生一计：“野鼠洞中一定会贮藏些食物吧！”于是就起身四处寻找，果然发现附近有好几个鼠洞，一挖，有一些野果，还有像草根一样的东西。他也不管三七二十一，都狼吞虎咽地吞了下去，这才恢复了一点力气。

北海有广袤无垠的大草原，每天早上，他先把羊群带到草原上去放牧，再到森林里去寻找一些野果、蘑菇等充当食物。苏武极珍惜皇帝交给他的汉节，不管到任何地方，都要把汉节带在身边。这汉节是天子交给使者的信物，是使者身份与使命的象征。汉节成了他最大的精神慰藉，只要看见汉节，苏武心中就会生起一股力量，赋予他活下去的勇气。汉节几乎变成他生命的一部分，时时提醒他要捍卫尊严，不辱使命。不管等多久，他都一定要等到归汉复命的那一天，亲手把汉节奉还到皇上面前。这汉节，比他自己的生命还重要啊！

与汉节相伴的日子，日复一日地过去了，羊儿悠闲地吃着草的当儿，牧羊的人则立在草原上，遥望着故乡。望乡，乡在何方？南方，就是他的故土，大汉的江山。“南方的家人，愿你们都无恙。娘，儿在这儿一切都好，请勿挂念。”他常常在心中对家人说话，希望他们能感觉到他正在远方默默地努力、坚持着，总有一天他会回家与他们团聚。

日子一天天地过去，天气渐渐暖了，他发现北海原来是一片富饶美丽的地方。岸边开满了许多不知名的小花，明艳的黄花也在山上争相绽放，地上布满了浆果，俯拾皆是。山林中也多了一些生命的踪迹，百鸟齐鸣，栖息其间的野生动物出没无常。原来北海的土地，养育着无数的生命呀！此时苏武的身影看起来也没那么孤单了。他开始就地取材，制作一些猎捕的工具，在广大的林间狩猎，偶尔用自己制作的弓箭射些鸟儿来吃。湖水清澈见底，清冽解渴，湖中有许多大大小小的鱼，苏武轻而易举地就能用鱼叉叉中一条鱼了。

日子久了，苏武在北海的生活似乎已安定下来。他知道如何跟着时序的运转，游移在山林草原之间。是经验一点一滴的累积，使他渐渐了解这片土地，学会了在北海的求生之道。他坚信自己是不会被击垮的。冬天快来的时候，他也像野鼠一样拼命采集各种野果和可吃的树根等，准备过冬。他也不忘把羊群喂饱，使它们能和他一起挨过漫漫严冬。如今，只有羊群与他相依为命了。就这样，他挨过了最难过的冬天。一年又过去了。

苏武最喜欢北海冬天时的林海雪原。那无垠的林海，

都是最坚忍耐寒的松柏和杉树。朔风劲吹，大地已被冰雪覆盖，森林里的动物早就过冬去了，只有松柏仍挺拔着，迎风傲雪，白茫茫中仍可见一片青绿，多么壮美！

“岁寒，然后知松柏之后凋也。”苏武知道有一种杉树，终年常绿，毫不畏惧严冬。他觉得冬天最冷的时候，仿佛也是杉树最青最绿、最挺拔刚劲的时候。“我能不能也像这杉树一样呢？”他常常在心里头问自己，然后很肯定地告诉自己说：“能的。”苏武觉得老天也在默默地支持他、鼓励他，天地间也有一股正气，而松柏就是他眼前正气的化身。寒冷的冬天过去了，温暖的春天就会到来。苏武相信，他生命的冬天也一样会过去，那时他会欢喜地迎接春天。

也不知过了多少时日，汉节上的旄尾愈来愈稀少，最后完全脱尽了。苏武抱着旄毛脱尽的汉节入眠，与汉节默默地相对垂泪。“归汉的日子不远了吧？”苏武遥望着南方自语，手里依然紧紧地握着已是光秃秃的汉节。将苏武放逐此地的单于一直都没有派人来看他，仿佛把苏武给忘了，似乎就想这样让他老死此地。

※　　　　※　　　　※

一天，苏武像往常一样地在草原上牧羊。隐隐约约中，他仿佛听见了久违的人语声，还有马儿奔跑的嗒嗒声，他怀疑自己是在做梦。侧耳倾听，那马蹄声似乎还愈来愈近。这是一片沉默的土地啊！除了他自己，他再也没有听见过别人说话的声音。在这里，唯有羊儿、草木鸟兽是他的朋友，是他最忠实的听众。嗒嗒嗒嗒，不多时，这队人马已走到他面前，其中一人十分有礼地走上前来向苏武打招呼，原来他们都是跟随单于的弟弟於靬王到北海来打猎的。

苏武守节不屈的事迹早已传遍匈奴，大家都十分敬佩他。如今於靬王亲见其人，对苏武更是崇敬有加。

於靬王为人亲善，往后他常邀苏武一同去打猎，请他与他们一起住在穹庐中。於靬王常想，苏武究竟是如何在北海度过这许多年的呢？他居无定所，他的衣物在严寒的冬天里显得如此地单薄，而且都已经破旧不堪。

“唉！单于未免过于狠心，竟然用这样的方法来折磨一位义士。”於鞬王叹道。这可怜的人啊！离开了故土与亲人，远离人群，一个人被流放到这荒凉无比的地方。然而，苏武却不以为苦，仍然每一天都持着汉节牧羊。起初，大家都取笑他。於鞬王也忍不住问他，这样子每天持着汉节究竟有什么意义呢，汉节只不过是一根没有生命的木头啊！苏武微笑不语，他没有生气，因为他知道他的朋友们是没有恶意的。渐渐地，大家都不再笑了，他们仿佛看见持着汉节牧羊的苏武身上散发着一种难言的、神圣的光辉，让见者心中油然生起一股莫名的感动。

於鞬王见苏武的生活非常困苦，想送一些东西给他，但又担心这种方式会令苏武觉得受侮辱。苏武跟随於鞬王打猎的时候，常常帮忙他们织拴在箭上的丝缴①，矫正变形的弓弩，於鞬王就借这个机会送他衣服和食物表示感谢。苏武也是他们的向导，因为他知道什么地方可以捕到最多的鱼，山羊、鹿和野猪等常在哪一带出没。如果於鞬王想要猎熊，苏武也知道熊躲在哪一处的丛林中。

---

① 缴：打鸟时系在箭上的一种丝绳。

北海不再只有苏武孤身一人了。猎人们策马驰骋的英姿常常在草原间出现，他们个个弓马娴熟，在不打仗的时候，都是最出色的猎人，追逐在山林平川上奔跑跳跃的动物。就这样，又三年过去了。苏武与於靬王等人相处得很愉快，他们个性开朗，豪放不羁，每一天看起来都那么精神抖擞，朝气蓬勃。他们和苏武成了很要好的朋友。大家都很同情苏武的处境，常常送他一些食物和衣服，使他不至于挨饿受冻。他的生活也过得比从前好多了。

但是好景不长，身体一向都十分强健的於靬王突然病倒了。这一病可病得不轻，一躺就躺了好几个月，愈来愈虚弱，他知道自己不会好起来了。苏武每天都来看他，见到他这个样子，心里非常难过。於靬王想自己已不久于人世，开始为苏武将来的生活感到担心，就送了苏武一批牲畜、一些家用器具和一顶穹庐。苏武知道於靬王的一番好意，心里十分感动，就收了下来。於靬王去世后，他的随从们都迁徙到其他地方去，北海又剩下苏武孤身一人了。

北海又恢复了往日的冷清。昨日热闹的地方如今却是荒凉一片。好友离去，苏武心中悲恸难言。望着昔日追逐猎捕的丛林，一切仍然历历在目。一样的北海、一样的丛林、一样的原野、一样的山，但人已不再。无情的岁月，把美好的都带走，留下了苦涩让人慢慢品尝。无情的岁月啊！苏武想，他日日夜夜思念盼望的大汉江山是否依旧？他朝思暮想、牵肠挂肚的家人是否无恙？无情的岁月把他的朋友带走了，它会把他的家人也带走吗？

北海下起了第一场雪，山川都披着银装。转眼间，冬天又降临了。多亏於靬王生前想得周到，今年的冬天虽然依然冷得难受，但日子比以前好过多了。一夜，苏武朦朦胧胧间听到外头有一些动静。起身一看，只见有一些人影，把他的牛羊都往远方赶去。这些人在偷他的羊！

“你们这些窃贼！别跑！”

这些人的衣着与匈奴人有些相似，却又不太相同。他们看见苏武追来了，头也不回地加快速度把牛羊赶得更远，一会儿就不见踪影。苏武朝他们远去的方向不停地追赶，走了很长的一段路，都没办法赶上他们。

“早前曾听说有一群‘丁令人’，游牧在北海一带。今日盗我羊群的人，想必就是这些丁令人。”失去牛羊的苏武再度陷入穷困中了，他又回到以往在丛林中掘野鼠洞，吃野果树根的日子。

5. 李陵劝降

苏武在北海牧羊多年，单于表面上对他不闻不问，其实是要让时间把苏武的意志消磨掉。单于想，一个人不管多么刚强，经过了漫长的岁月，历尽千辛万苦，意志一定会渐渐消沉。这时再对他劝降，相信一定会成功。于是，他就把这劝降的工作交给李陵。李陵尽管心里觉得有些为难，但被逼无奈，只得答应。

李陵带了一些人马，动身往北海出发。一路上，他的心情极不平静，往事一幕幕地在脑海中浮现。即将见到多年不见的好友，李陵心中有欢喜也有期盼；想到苏武在北海历尽艰辛，李陵心中又是不忍。此外，他也为自己肩负的任务感到不安。一个已投降匈奴，一个宁死不屈、誓要归汉，如今两人已站在不同道路上，还有什么好说的呢？天意弄人啊！苏武的身影与自己不堪回首的往事交织在一

起，使李陵异常激动。

※ ※ ※

苏武出使匈奴的第二年，汉武帝派李陵率军攻打匈奴，李陵兵败投降。苏武和李陵是知交，两人曾经一起当过汉武帝的侍中①。李陵投降后，一直不敢与苏武见面。

李陵的祖父是人称“飞将军”的汉代名将李广。李广历任七郡太守，前后长达四十多年。他总是与将士们同甘共苦，每当得到赏赐时，都会分给他的部下，吃喝也和他们在一起。他家里没有多余的钱财，也从来不和人谈论与致富有关的事。行军遇到断水缺粮的时候，见到了水，非要等到兵士们全都喝过了，他才肯走近水边；用餐时也要等到兵士们全都吃过了，他才肯吃。李广为人勇敢、正直、待人以诚，爱护下属而不苛刻，人人都心甘情愿为他效命。

李陵与祖父李广一样，都善骑射。他为人宽厚仁爱、

---

① 侍中：侍从皇帝左右，以备咨询。

谦逊礼让，能体恤士卒，有李广的风范。武帝任命李陵为骑都尉，统领勇士五千人，在酒泉、张掖一带教练射术，以防御匈奴。

天汉二年（前 99 年），贰师将军李广利率骑兵三万攻击匈奴。武帝命令李陵负责押运辎重①，李陵主动请求道："臣所率领的士兵，都是荆楚勇士，奇才剑客，个个力能扼虎，射无不中。臣愿自率一军，分散单于军队的兵力，使匈奴无法全力对抗贰师将军！"武帝道："我们这次大举出兵，已没有多余的马匹分配给你了。"李陵回答说："用不着马匹，臣愿以少击众，率步卒五千勇闯单于王庭！"武帝十分欣赏李陵的壮志，就答应了他，下诏书命李陵从遮虏障②出，至浚稽山一带来回观察匈奴的动静。

李陵率领五千步兵，从居延出发，一直向北行进了三十天，就在浚稽山前，与单于率领的军队相遇。单于发骑兵三万将李陵的军队包围。李陵先命军队驻扎在两山之

① 辎重：行军时运输的军械、粮草、行李等。
② 遮虏障：在今内蒙古额济纳旗，是秦汉时边塞险要地区防御用的城堡之一。

间，以战车环绕为营，再领军到营外布下阵势，前排持戟盾，后排持弓弩。匈奴见汉军人少，就直闯军营，李陵身先士卒，率众迎前与匈奴肉搏，再命弓弩手万箭齐发，四面八方的匈奴军应声而倒，其余的急得连忙退回山上。汉军随后追击，厮杀一阵，又杀死了数千敌人。

单于大为震惊，急召左右方八万多名骑兵齐来围攻李陵。李陵且战且走，一直往南走了好几天，退到一座山谷之中。

汉军连续不停地作战，士兵大多都已带伤，受伤三处的坐在车中，受伤两处的负责推车，只受伤一处的则继续作战，奋勇抗敌，又斩获三千多首级。李陵继续带兵往东南方撤退，四五天后，走到一片芦苇丛中，匈奴在上风处放火，火势迅速地蔓延扩大，眼看着汉军就要命丧火海，李陵命士兵放火烧平周围的芦苇，使敌军放的火无法延烧过来，汉军才得免于难。

汉军继续往南撤退，来到一座山下，单于在南山上指挥匈奴军队，命他的儿子率军向汉军进攻，李陵将军队分散在树林间，借树林的掩蔽，在林中徒步穿绕，不停地向匈奴军射击，又杀死数千人。汉军还趁机用连弩[1]箭射向单于，吓得单于急忙逃到山下。

这时，单于见匈奴军不但一直无法攻破李陵的军队，还渐渐被引向南方靠近边界的地方，担心有汉军埋伏，想要罢兵离去。单于的左右当户[2]都说："单于亲领数万大军，却无法攻破汉军数千人，岂不是让汉人更加轻视我们？"因此，就决定在山谷间全力攻击，若到了平地，还是无法攻破的话，才撤兵归营。此时，汉军的处境愈发危急，将士们疲惫已极，匈奴人马众多，一日之中得交战数十回合。虽然如此，汉军还是杀伤了两千多名匈奴兵。

匈奴作战不利，原想就此退走，偏偏就在此时，李陵军中有一位叫管敢的军侯，因为受校尉成安侯韩延年所欺，愤而投降匈奴，还说李陵的军队并无后援，箭也快用尽了，若派精锐骑兵射击他们，很快就可攻破。单于大喜，发动所有的骑兵猛攻汉军，同时又派兵截断他们的退

---

① 连弩：装有机关，可以连发数箭的弓。
② 当户：匈奴官名。

路，愈发急切地加紧进攻。

李陵的军队被困在山谷之中，匈奴军高居山上，箭如雨一般地从四面八方射下来。汉军拼命突围往南退却，五十万支箭已在一天之内用尽，只好弃车而去。汉军还有三千多人，把砍下的车辐紧紧握在手中，当成武器，连文职人员也手持短刀抗敌。待退到峡谷之中，单于率军截断他们的后路，命士兵将山上巨石滚入谷中，汉军死伤无数，无法再继续前进。

黄昏后，李陵身穿便衣，独自一人步出帐外。良久，李陵才回来，长叹道："兵败，唯有一死而已！"军中有人说："将军威震匈奴，无奈天命不遂人愿啊！不如以后再想办法归汉吧！像浞野侯①一样，虽被匈奴所俘虏，但最后终于得以逃亡归汉，皇上就像对待尊贵的客人一样对待他，更何况是将军您呢！"李陵道："不要再说了，我不

---

① 浞野侯：太初元年（前104年），左大都尉想杀掉单于投降汉朝，希望汉朝能赶快派兵来接应他。武帝心中大喜，派浞野侯赵破奴率两万多骑兵接应。但左大都尉谋反败露，被单于杀死，匈奴还出动了八万大军攻击赵破奴。结果赵破奴被活捉，汉军全军覆没。天汉元年（前100年）赵破奴从匈奴逃回汉朝。

死，就不是壮士！”说罢就将所有的旌旗砍断，连同珍宝一起埋入地下，并感叹道：“如果再有数十支箭，我们就足以脱险。现在已没有兵器可以作战，等到天明，岂不束手就擒！不如现在各自逃命，或许还有人可以逃脱回去禀报皇上。”于是命将士每人各带了一些干粮，约定到遮虏障会合。

半夜时，李陵和韩延年一起上马，十多名精壮士兵跟随，匈奴骑兵几千名随后追击。韩延年战死，李陵叹道：“无面目再见陛下！”大丈夫兵败，原本便只求一死，但他转念一想，难道就这样败在匈奴手中吗？他固然可以慷慨赴死，但何不像范蠡①、曹沫②一样，忍一时之辱，以求力图报国，有所作为？因此，他毅然选择了忍辱偷生，就投降了匈奴。汉军分散突围，逃回边塞的，只有四百多人。李陵兵败之处离边塞只有一百余里。

---

① 范蠡：范蠡是春秋末期的杰出政治家，字少伯，楚国宛人。范蠡任越国大夫时，越国被吴国所灭，范蠡在吴国当了两年的人质。回越后，辅佐越王勾践卧薪尝胆，发愤图强。经过十多年的努力，终于灭亡了吴国。

② 曹沫：曹沫是春秋时鲁国的将军。他曾率军与齐国交战，三战三败。鲁庄公十分害怕，就向齐国献地求和。后来曹沫随庄公与齐桓公会盟时，手持匕首劫持齐桓公，要求归还侵占的土地，雪了割地之耻。

武帝听说李陵兵败投降匈奴，勃然大怒。群臣见皇上震怒，就异口同声地附和，纷纷怪罪李陵。

皇上问太史令司马迁[①]对此事的看法，司马迁盛赞李陵说："李陵侍奉父母极为孝顺，对将士讲求信义，经常奋不顾身，他平日的修养就已有国士之风。如今不幸遭受失败的打击，那些只知道全躯保身的大臣，就拼命想要加罪于他，这多么令人感到痛心啊！况且李陵只率领五千步兵，就深入匈奴危机重重的军事重地，抵挡数万的大军，还杀得匈奴死伤无数，甚至号召了全族上下可拿起武器的人前来围攻他们。不但如此，李陵还与匈奴转战千里，一直到所有的箭都用尽了，穷途末路之时，将士们仍然张开没有箭的空弓，抵挡匈奴锋利的枪尖刀刃，面向北方与匈奴战个你死我活。能得到将士们如此的拼死效力，就算古时候的名将，也未必超过他啊！李陵虽然兵败陷入匈奴之手，但他对匈奴的打击却足以令他名扬天下了。他之所以没有死，一定是想要等待机会来立功报国的呀！"

---

① 司马迁：是伟大的历史巨著——《史记》的作者。

其实，司马迁和李陵并没有深厚的交情，甚至不曾一起喝过一杯酒。他之所以为李陵说话，纯粹是因为通过对李陵平素言行的观察，认为他是个能自守节操的人。更何况李陵这次率领的步兵只有五千，但所杀的敌人却超过了自己人数的数倍。李陵杀敌无数的时候，曾有使者来报告战况，那时满朝的公卿王侯都举杯向皇上祝贺。过了几天，李陵兵败，大家都纷纷变脸竞相诋毁他。司马迁不忍见武帝终日悲戚哀伤，就恳切忠诚地把心中的看法说出，想宽慰皇上的心胸，堵塞对李陵不公道的批评，没想到竟招致飞来横祸。

当初，武帝想要让贰师将军李广利立功，命他率大军讨伐匈奴，才任李陵为助兵。没想到却让李陵遇上了单于亲率的主力军队，使贰师将军无法立下军功。武帝认为司马迁是想要诋毁李广利，而替李陵游说，一怒之下将他施以宫刑①。

过了很久以后，武帝才悔恨自己使李陵陷入孤立无

① 宫刑：古代在密室中阉割男性生殖器的残酷肉刑。

助的境地，而派使者赏赐李陵手下那些历经死战后逃脱回来的士兵。李陵在匈奴一年多后，武帝又再派大军向匈奴大举进攻，命公孙敖深入匈奴迎接李陵。公孙敖无功而返，称捕获的俘虏说李陵在教单于抵制汉军之策。武帝怒不可遏，下令族灭李陵全家。李陵是陇西人，当地的士大夫都以李陵不能以死来保全名声，甚至还累及家室为耻。

后来汉朝派使者出使匈奴，李陵忿而问道："我为汉朝率领步兵五千横行匈奴，因没有获得救援而败，我有什么对不起汉朝的地方？为什么要将我满门抄斩？"汉使回答说："听说少卿教匈奴如何抵挡汉军。"李陵道："那是李绪①，不是我！"李陵恼恨李绪因同姓之故而累其全家被杀，派人把李绪刺死。单于的母亲大阏氏要杀李陵，单于爱才，将李陵送到北方躲避，一直等到大阏氏去世后才让他回来。单于深敬李陵，把女儿嫁给他为妻，还封他为右

① 李绪：李绪本来是汉朝的塞外都尉，驻守在奚侯城，因匈奴派兵进攻而投降。李绪曾教匈奴兵法，单于十分礼待他，常坐在比李陵尊贵的位置上。

校王，和卫律一样都受到尊崇重用。李陵居外，遇到有大事才召他入议。

就这样，李陵在匈奴住了许多年。有时候，他会问自己，真的就这样老死胡地吗？当初为何忍辱求生呢？不就是为了报效朝廷，以求有所作为吗？等着瞧！他还要领军和匈奴再战一场，到那时候，必要叫单于束手就擒，以雪今日之耻！理想尚未达成，岂可轻易言死！他万万没想到，壮志未酬，皇上已杀尽他全家。想到娘亲年老，如此惨死，妻子、亲人无辜，一一遭受杀戮，他心里一阵绞痛，只觉生不如死。朝廷对他已经恩断义绝了啊！此时自尽，岂不自取其辱？他仿佛还听见了京师那群养尊处优的大臣们，在皇上面前竭尽所能地谩骂、数落他的声音。

尽管时时怀念故乡，但此生他是不会归汉了！大丈夫不能再辱！既然壮志已经无法实现，那就死在此地算了。这是命运的安排吧！他就注定当一个可悲的降将了，还有什么好说的呢？只怨他和祖父一样地孤傲恃才吧！

※　　　　　　※　　　　　　※

这一条漫漫长路，也不知走了多少时日。一天，引路的部下告诉李陵，北海就在眼前了。远远望去，前方真的有一个持着节杖站着的身影。

“多少年了，子卿依然不肯放下手中的汉节。”李陵不胜感慨。

他对自己能否成功完成任务其实并没有太大的把握。李陵就在此处下马，向苏武的方向走去。他不愿让这许多人马惊动苏武，更不愿在苏武面前摆出一副贵人的模样来。

苏武背向着他，望海。牛羊已被丁令人抢走了，他已无羊可牧。

“子卿！”苏武听见唤他的声音从远处传来。他没有回头。他不相信真的有人在唤他。

“子卿！”声音更近了，也更清楚了。苏武已知道他并非置身梦中。

苏武回过头去，只见李陵已在他眼前。

"这……这……怎么会……少卿……"苏武紧紧地握着李陵的双手，不敢相信眼前的事实。李陵也紧紧握着他的手，双手因过度的激动而发颤，仿佛要告诉他，这是真的！两人一时都说不出话来，唯有相对而泣。

早前於靬王等人来的时候，也带来了李陵投降的消息。初时苏武还不太相信，但如今见李陵一身胡服①地出现在他面前，他不得不相信了。两人初见面时也绝口不提此事。

李陵此时亲眼见到的苏武，刚经过整个严冬，形容枯槁，栖身于一小穹庐中，李陵心里倍感辛酸。再看看他手中的使节，旄毛落尽，光秃秃的节杖清楚地烙印着岁月的痕迹。

"子卿，这是何苦……"李陵在心中叹息。

李陵命人安排酒宴与乐舞，两人在宴上把酒话旧。李陵这时才开口对苏武说："子卿，单于知道我俩交情深

---

① 胡服：匈奴男子由于长时间在马背上生活，都穿着坚实耐磨的皮制衣服——短衣窄袖，紧身束腰，腰系皮带，脚穿皮靴。这种装束轻便，便于上下马背，适合行动敏捷的要求。

厚，特请我来劝说。据我看，单于也是一个惜才重贤之人，真心诚意地盼您归降。子卿，您已空等多年，此生恐怕已没有归汉的希望了。白白地在这荒凉无人之地受苦，您的信义又有谁可以看到呢？”

李陵顿了顿，又说：“子卿，实不相瞒，前些时候令兄当奉车都尉的时候，不小心让御车撞到柱上，折断了辕木，被人弹劾为‘大不敬’，拔剑自杀了。皇上赏赐二百万钱安葬了他。令弟随皇上到河东祭祀时，有一位宦官与黄门驸马[①]争船，驸马被推入水中淹死了。皇上命令弟追捕宦官，可是宦官已经逃走，令弟追捕不得，害怕皇上治罪，服毒自杀了。我来的时候，您的母亲已不幸过世，我曾送葬到阳陵。夫人还年轻，听说已经改嫁他人。您一家只剩下两个妹妹和您的两女一男。如今十几年过去了，也不知道他们的生死存亡。”

李陵带着沉重的心情说完这些话之后，又陷入了沉

---

① 驸马：指掌管帝王随从车辆马匹的官。到了三国时代，何晏因娶公主为妻而被封为驸马都尉，后代皇帝的女婿沿例都拥有此称号，简称为驸马。所以后世便称皇帝的女婿为驸马。

默。他了解这一切事实对苏武来说是如此地残酷，长久以来的思乡、望乡，盼来的却是家破人亡的消息，这会令苏武的心有多痛呢？对李陵而言，那是此生都无法愈合的伤痛。

此时，李陵的话在苏武心中不停地回荡，他的脑海顿时变得一片空白。他一时无法相信，自己的兄弟都已死去，母亲也离开人世……

“子卿，人生就像早晨的露水一样，在转瞬间消失无踪。您又何必这样苦苦折磨自己呢？想当初我投降的时候，精神恍惚如狂，痛恨自己背负了朝廷。加上老母已被关押，子卿您不愿投降的理由，难道会超过我吗？皇上年事已高，朝令夕改，法令无常，大臣无罪被灭族的就有好几十家，祸福安危往往难以预测。朝廷的恩义何在？子卿啊，您这样又是为谁呢？请您听从我的劝告吧！”李陵感慨万千地把话说完，希望苏武能够回心转意。

苏武毅然地说：“苏武父子无功无德，却能封侯拜将，受朝廷所用，这一切都是皇上所赐予的。我们兄弟在一起的时候，常常表示愿意为皇上肝脑涂地。只要今天能报答皇上，就算被刀斧砍剁、热水烹煮，我也心甘情愿。臣子侍奉君主，就像儿子侍奉父亲一样，儿子为父亲而死，死而无憾！少卿，请您不要再说这样的话了。”李陵听罢，就不再劝，两人继续对饮。

两人一起在北海度过了好几天，李陵又忍不住道：“子卿，请您再听我一次劝告。”苏武愤而起身，厉声说：“自从被囚拘在这匈奴之地后，我已同死没有什么分别了！王爷您一定要我归降的话，就让我们今天尽最后一次的欢聚吧！酒席散后，苏武一定死在您的面前。”

李陵被苏武的忠诚深深感动，长叹道：“唉，真是一位忠义之士！我和卫律的罪恶之大，真是上通于天！”说完，凄然泪下，同苏武告别而去。

李陵不好意思亲自送礼物给苏武，便用妻子的名义送了苏武几十头牛羊，解除他生活上的困顿，使他得以维持生活。

6. 美丽的草原之花

李陵的造访，带来苏武久盼的消息，也带给他亲人已逝的极大悲痛。昔日的美满家园，今已不再。然而更令他愧疚难安的是，母亲临终之时，必然怀着对他下落不明的无限牵挂。

经过了漫长的等待之后，如今苏武已不敢再抱生回故土的希望了。但他坚信自己不会背负汉朝，决不让汉朝因自己而受辱。宁可一死，也不忍辱偷生。

这一切都出乎单于的预料之外，他本以为苏武的决心会随着时间而软化，岂料其心如铁一般地坚定。单于决定要让苏武在北海娶妻生子，想利用家室把他系在匈奴，断了归汉的念头。大臣们忙着四下征询何人的女儿自愿下嫁苏武。大将军胡克丹有个女儿，名叫阿云。她就像草原上盛开得最灿烂迷人的一朵红花，吸引了众多英俊剽悍的年轻男子的目光。他们常常不期然地放慢脚步，望着姑娘的窈窕身影出神，她美丽的脸庞上永远绽放着如太阳般的温暖笑意。

阿云至今仍未许人，外表娇柔的她，身上也带着草原儿女的豪气与奔放。阿云曾听闻苏武宁死不降的英勇事迹，早已对他的不凡气概与忠烈心生仰慕。现在听说单于要为苏武娶妻，阿云脸泛嫣红，心里悄悄地想，不知道会是哪位幸运的姑娘被选为这位英雄豪杰的妻子呢。

想着想着，一颗心不由得扑通扑通地愈跳愈快，她多么想嫁给他呀！但他会不会嫌弃她，不愿娶一位匈奴姑娘为妻呢？阿云心意已决，但又忍不住暗暗地忧心。

她把心愿告诉了父亲。大将军胡克丹是一个粗犷豪迈之人，也深深敬佩苏武的壮志傲骨，就欣然同意了女儿的决定。不料单于见到阿云后，惊为天人，想娶她为妾。偏偏阿云早已心属那牧羊北海的苏武，根本就不把荣华富贵看在眼里，执意不从，只愿与苏武同甘共苦。单于无奈，亦被阿云的真情所感动，就不再强人所难，派人一路护送胡克丹与阿云到北海。

一行人到了北海，胡克丹就径自前往寻访苏武。苏武见今日一匈奴将军来到此地，以为这又是一支狩猎部队。胡克丹亲切有礼地向苏武打过招呼，就直接说明来意。

“老夫此次造访，是为了将小女许配给您。请您不要推辞。”

苏武一听大惊，他万万没有想到这位素未谋面的将军会突然说出这样一番话来。这一定又是单于的劝降伎俩！他正色道：“莫非将军受单于所托？”

“确有此事。”

苏武脸色一变，勃然大怒：“以女劝降，卑鄙无耻之极！我苏武岂是贪图女色之人？将军请回吧！”说完就转身离去。

胡克丹忙拦着他道：“您误会了。大王确实征询自愿下嫁给您的女子，但小女是因为钦慕您的人格气节而决意追随，与劝降之事无关。”

苏武感慨道：“何必自讨苦吃，自我流放于此边远之地呢？将军，请断绝这个念头吧！苏武一心归汉，无在此地娶妻生子之意。”

“小女非您不嫁。大王原有意娶小女为妾，但阿云执意不从。您是不恋功名富贵之人，小女之志，您还不明白吗？老夫虽然只是一个粗野大汉，但也知道人生得一知己，死而无憾。您又何必固执呢？”

一番话，使苏武知道胡克丹并非像卫律那样的奴颜媚骨之辈，更晓得胡阿云的一片真情，对父女两人生起敬爱之心。

两人谈话之间，一匹骏马奔驰而来，那翻身下马的动作，干净利落，潇洒万分。苏武抬头一望，只见阿云已来到他眼前，亭亭而立。

“多美的姑娘啊！”苏武怔住了，是眼前这姑娘说要嫁给自己吗？他受宠若惊。姑娘美丽的脸庞带着宛如红花般的笑容，告诉胡克丹与苏武宴席早已准备好了。

“她的声音爽朗清脆，多么悦耳动听啊！”阿云见苏武愣愣地望着自己，脸蛋儿红了起来，对苏武嫣然一笑，翩然转身离去。

当晚，大将军宴请苏武。在宴席上，阿云频频为父亲与苏武敬酒，两人畅快淋漓地举杯痛饮。苏武初见阿云，

就觉得她举手投足间带着一种率性与纯真，一点也不扭捏作态；眼神流露出的坚毅笃定，更显其气质非凡、不俗动人的一面。苏武望着这一对真诚善良的父女，他们的深情厚谊，温暖了他的心。

“唉！”但他怎么忍心让这令人喜爱的姑娘陪着自己在这荒野之地受苦呢?！有一种说不清、道不明的心情使得他极不平静。这一切，胡克丹当然都看在眼里，他哈哈大笑，知道苏武也爱上了阿云。

阿云终于见到了她在心里想了千遍万遍的人，她对他可真的是一见倾心。她觉得他的目光柔和而安静，似乎显得有些疲惫，却有神。这几天，阿云都陪着他一起牧羊。他常常遥望着南方，陷入沉思，很少说话；说话时，脸上永远浮着寂寞的微笑。阿云默默地注视着他持节牧羊的身影，长久以来的艰苦搏斗，使他那看着她时总带着微笑的眼睛，隐隐约约地透露出深深的孤寂，带着些许沧桑，却有一种掩不住的凌厉的光。阿云想，就是这光，深深地吸引了自己吧！

阿云知道苏武不答应婚事，当面对他说：“我千里迢迢，远赴北海，原就不为富贵而来。我愿与你同甘共苦，互相扶持，携手共渡难关。二人齐心成全忠义之志，这难道不是一件好事吗？你为什么不肯答应呢？难道你不喜欢阿云吗？”姑娘温柔的双眸凝视着他。真是个勇敢的草原姑娘啊！姑娘的憨率与痴情，怎不令他深深感动呢？

苏武当下没有说话。他心里也喜欢这率真直爽的姑娘啊！但就是因为这样，就更不愿她因他而受苦。过了几天，胡克丹又来劝说，经历了一番内心挣扎的苏武终于下定了决心，跪下来向胡克丹拜谢，愿与阿云结为夫妻。胡克丹乐不可支，笑得合不拢嘴。当晚，两人就成了亲，北海第一次出现喜庆的气息。

婚后，两人同心协力面对种种生活难题，阿云聪明能干，成了苏武的好帮手。阿云的温柔中带着一种无比的坚强，她总是含笑地包容一切。尽管北海的生活条件很差，但她从不抱怨，也不以为苦，依然笑靥如花。不久，阿云生下一个儿子，取名为通国。一家三口在北海过着简单和乐的生活。

小通国的诞生使两人的生活又多了一些生气。在父母

的悉心照料之下，通国在北海健康地成长，常随爹爹去牧羊，或伴着娘亲到丛林间找寻一些可吃的蘑菇、蕨菜、野果等。他们唤他“通儿”，通儿又跑又跳的，跟同龄的小孩一样活泼可爱。

爹爹和娘亲常常给他讲故事。娘亲告诉他许多族里的古老传说，爹爹则喜欢讲爷爷打仗的英勇故事。爹爹和娘亲似乎都有永远讲不完的故事。通儿最喜欢听的是娘亲讲的牧羊人的故事。牧羊人来自很远很远的地方，是一位勇敢的人。他因为不肯背叛自己的大王而去，替另一个大王做事，就被放逐到遥远的北海，一个人孤零零地牧羊。有一位姑娘爱上了他的忠实和勇敢，自愿嫁给他，生下一个可爱的小男孩，他们三个人幸福快乐地生活在一起。

一家三口的生活虽然美满，但苏武念念不忘的，依然是汉朝的皇帝与江山。他常常手持汉节，向南方远望，他对通儿说，爹爹的家在遥远的南方。通儿不解，问娘亲：“爹爹的家和通儿、娘亲的家不一样吗？”阿云只笑笑摸了摸他的头，也不说话。

天渐渐冷了，阵阵雁鸣声划过天际，一群大雁结伴往南飞去。秋雁过空时，苏武总会久久地仰望着天空，直至雁影远去。

“鸿雁南飞的时节又到了吗？一年又过去了。”

当天边传来雁鸣声时，他就会静静地聆听，在空中寻觅雁飞的踪影。那悠远洪亮的雁鸣声，是如此地孤独凄切啊！那是不舍远别的哀鸣吗？又是秋思的季节，他心中的万般愁绪都被雁鸣声牵引而出。他多么希望自己也是一只南飞的大雁，能穿越千山万水，回归那久思的故土。

他常对着南飞的鸿雁叹道：“苏武一别十数年，不曾写过一封家书。雁儿啊，可否为我捎个信儿？”阿云总会在旁好言安慰，皇天不负有心人，归汉的日子很快就会到来，她和通儿也会与苏武一起盼望那一刻。

眼看着通儿一天天地长大，归汉的那一刻仍未到来，故友李陵却已带来了皇上驾崩的消息。“皇上……皇上……臣负皇上所望……”苏武痛苦的哀号，在北海的草原回荡着。他已数不清自己在北海度过了多少个春秋，往事依然清晰，但已是物是人非了。“此生仍有归汉的一天吗？”他觉得，随着皇上的驾崩，他归汉的希望似乎变得更加遥遥无期。

李陵离开之后，苏武常常站在湖边凝视着水中的倒影。那倒影的轮廓是如此清晰，但对他来说却又是如此陌生。他已认不得自己。湖中的人已经垂垂老矣，头发斑白，仿佛是另一个他不认识的人。“年华的倒影啊……”他喃喃地自语着。不是吗？倒影映照出逝去的年华，他在里头看见许多许多，看见自己，看见李陵，看见皇上，看见他的阿云通儿，看见娘亲……以前，他只觉得那湖光山色的倒影很美，但如今，倒影却流淌出寂寞，无边无尽……

7. 告别北海

春去秋来，时序不停地转换，一如苏武从来没有停止过的殷切期盼。清脆的马蹄声再度响起，来者是谁，又将带来什么消息呢？苏武不以为意，静静地注视着那在草原上飞奔而来的骏马。

“大人，大王请您尽快收拾行装，准备归汉。”来人见到苏武，不待下马，就急急地向他嚷道。

苏武不敢相信他所听到的，以为自己是在梦境当中。他茫然地看着来使，仿佛眼前的一切都是幻象。

“大人，汉朝皇帝派使者来接您归汉，单于派小的前来禀告。”

“皇……皇上……来……来……接我？”

“是的，大人。”

“你……你……再……说一遍……”

单于的特使不断地重复刚才的话，努力地想把苏武从如梦如幻的情境中唤醒。过了许久，苏武方才如梦初醒，他无力地跪坐在地上，痛哭失声，他欣喜若狂，不能自已。是喜悦使这可怜的牧羊人泣不成声，十九年无望的等待，老天爷总算没有把他遗忘在这里。十九年……十九年的辛酸，此时已化成了喜悦的泪水。

※　　　※　　　※

武帝死后，昭帝即位。几年后，匈奴与汉朝恢复了和亲。汉朝要求匈奴将苏武等人放回，匈奴单于却欺骗昭帝说苏武已经死了。后来又有汉使来到了匈奴，常惠知道后，在夜里偷偷前往汉使的住处，把事情的经过一五一十地告诉了汉使，常惠还想出了一个解救苏武的好方法。

第二天，汉使前往拜见单于，再次请他放回苏武等人。单于佯装难过的样子，说苏武早已病死了。

汉使正色道："苏武没有死。汉天子在上林苑①射中

---

① 上林苑：在今陕西西安附近，是秦朝时的宫苑。汉武帝在建元三年（前 138 年）加以扩建为皇家园林，成为皇帝游玩打猎的地方，也具有军事训练的功能。

了一只雁，雁的脚上系着帛书①，写着苏武仍在北海牧羊。皇上大怒，命我前来接苏武等人归汉。”

单于畏惧，惊恐地望了望四周，他相信这是神明显灵，若再不释放受神明守护的人，他将受到最严厉的天谴。于是单于连忙向汉使道歉，并说：“苏武确实还在北海，马上释放。”

※ ※ ※

北海此时洋溢着欢乐的气息，苏武一家忙着收拾行装，准备上路。苏武仿佛仍置身梦中，一再地反复问道：“这是真的吗？终于可以归汉……这是真的吗？”看见阿云微笑地点点头，他才放了心。他实在害怕这只是一个美丽的梦境，梦醒之后，一切成空。

此时，阿云的一颗心既雀跃又不安。长安城，是苏武提起千遍万遍的名字，一个她如此熟悉却又陌生的名字。长安城究竟是个怎么样的地方呢？那里究竟有多繁华？与

① 帛书：写在丝绸上的信。

她生长的地方有多大的不同？她知道那里没有茫茫大漠，没有一望无际的大草原，那里的人、那里的一切都与她生长的这片土地有很大的不同。她将要离开这里，不再回来了吗？离开大草原，离开父亲，离开这里所有的一切。她有点难过，有点害怕。但只要一想到苏武的心愿终于达成了，他们一家三口将永远在一起，未来是如此的幸福而美好，她的心就满是期盼和向往，不再害怕。

通儿知道他们快要跟爹爹一起回家了，兴奋得蹦蹦跳跳。他知道爹爹真的好高兴，却又一直哭个不停，他从来没有看过爹爹这个样子。但他知道此时的爹爹跟以往难过得痛哭的时候不一样，爹爹是太开心了，所以才一直哭吧。娘亲呢？娘亲依然在微笑，但他觉得娘亲的微笑也和从前不太一样，似乎有些哀伤。

“娘亲，我们什么时候回来？”

“通儿乖哦，我们不会再回来了。”

“为什么不回来？这里不是我们的家吗？”

“我们跟爹爹回家，爹爹的家就是我们的家。通儿、爹爹和娘亲三个人永远在一起。通儿开不开心啊？”

“开心！”他看见娘亲的泪水一滴一滴掉下来，不知怎的，也跟着哭了起来。

即将离去的心情是极为复杂的，临走前，他们三人站在草原上，想好好地看北海最后一眼，向她告别。对这一片土地，他们三人都有浓浓的不舍之情。苏武跪下，行最后一次的朝南叩拜之礼。“皇上，臣即将归汉复命！”他在心中，也默默地感谢这片土地，这十九年来一直陪伴着他、给予他许多的土地。

“走吧，别再耽搁了。”苏武毅然地说，“向北海说再见吧。”

三人上马，头也不回地离去，北海目送她的朋友踏上了真正的归途。

8. 李陵送别

苏武一家离开了北海，与汉使及常惠等人相会后，稍事停留，准备拜见单于后再行离去。李陵知道苏武终于可以归汉，心中百感交集。他设宴为苏武饯行，向他贺道："子卿如今归汉，您的功德与名声将会永远流传于汉朝与匈奴之间。古书记载、画中所绘的功臣名将，有哪一个可以比得上您呢？"

说罢，他不禁悲叹道："李陵我虽然不才，但如果当初皇上肯保全我老母的话，我一定会有雪耻的一天，这是我一直念念不忘的心愿。可是皇上竟然将我全家抄斩……对于朝廷，我还有什么可以顾念的呢？事到如今，还有什么好说的，我只希望让您了解我的心。我如今已不是汉朝的人，这一别就是永别了。"

李陵拔剑起舞，悲歌道：

行军万里啊，

穿越沙漠；

做皇上的将军啊，

奋勇地厮杀匈奴。

我的前路已绝啊，

箭已用尽；

将士都阵亡了啊，

我的声名已毁。

老母已死，

我欲报皇恩却不得归！①

歌未唱完，李陵已是泪流满面。苏武无语，两人默然对泣，席上亦一片悲泣之声。

临行之际，匈奴士兵突然出现，拦着苏武一家三口的去路，不让他们离去。

---

① 原歌为：径万里兮度沙幕，为君将兮奋匈奴。路穷绝兮矢刃摧，士众灭兮名已隤。老母已死，虽欲报恩将安归？

“大王有命，胡阿云是匈奴人，不得同行。苏武子则待日后大王许可方能赎回。”

这消息如晴天霹雳一样，一行人即将归汉的欢欣消失了，取而代之的是一家人被活活拆散的悲痛与愤恨。

匈奴士兵说罢，就硬要把阿云和通国带走，也不让他们有话别的机会。李陵咬牙切齿，怒而挥剑，大喝道：“谁要敢碰他们母子一根寒毛，休怪李陵的剑无眼！”

情势顿时紧张起来，匈奴军将他们重重包围，但惧于李陵的威势，谁也不敢接近。李陵想要领他们杀出重围，但阿云见情势如此，料想自己断然无法逃离此地。她不想让苏武一行人因自己而归愿成空，亦恐被迫另嫁他人，便怀抱死志，含泪对苏武说：“你我今生夫妻缘已尽，切莫因我而误了归期。归汉后请速赎通儿，你我今别于此！”说罢，就举剑自刎。

“阿云！”苏武夺过她的剑，但已经来不及了。阿云倒在苏武怀中气绝身亡，苏武目睹这一切，深深受到打击，不住地呼唤阿云的名字，伤痛欲绝。骤然而至的悲剧使众人惊呆了。常惠抱着通儿，紧紧地掩着他的脸，不愿让孩

子见到这残酷的一幕。

“阿云！阿云！”苏武凄切的呼唤声让人听了心碎。

通儿见到娘亲放开自己的手后，就突然倒下，爹爹抱着娘亲不停地哭。他想要看娘亲怎么了，却被一位有力的叔叔紧抱着不放，那位叔叔也在哭。怎么了？所有的人都在哭。他挣脱叔叔的手跑到爹爹身旁，看见娘亲流了很多很多血，像睡了一样，一动也不动。通儿知道，娘亲再也不会醒来了。娘亲放开他的手之前，轻轻地吻了他，对他说：“娘亲要去很远很远的地方，永远都不能再见到通儿了。娘亲不在的时候，通儿要乖。爹爹会来接通儿回家的。”

“娘亲不要走，娘亲带通儿一起走……”

“通儿乖啊，娘亲不能带通儿一起走。通儿一定要等爹爹来接你……”

“娘亲……娘亲……”通儿知道，娘亲不会再回来了。

匈奴士兵收了兵器，解开重围，默默地退到一旁。

“啊——啊——”

凄厉的哀号，仿佛在向老天控诉，为何总要将诸多磨难加在同一人身上？李陵难掩心中的哀痛，他无力地跪坐在地，掩面痛哭。众人纷纷跪下，泣不成声。天色苍苍，大漠中沙尘滚滚，尘土飞扬。飒飒的风声，马鸣萧萧，哀泣之声此起彼落。

※　　　　※　　　　※

归汉之日不得再延，单于一再派使臣来催促起行，都被李陵拦了回去。苏武抱着亡妻，不忍别离。李陵止着泪水，强忍悲痛，劝苏武说："子卿，夫人的后事李陵会妥善办好。通儿在匈奴的一切，也请您不用挂心，李陵一定会竭尽所能。人死不能复生，子卿还是尽早上路，以免夜长梦多。若单于突然变卦，使您的归途受阻，那就辜负夫人的一番苦心了。"

李陵说得有理。苏武拭去泪水，好言安慰通儿一番。

"通儿，娘亲走了，不会再回来了，不能再给通儿讲牧羊人的故事了。"

"爹爹，娘亲是不是死了？"苏武点点头，原来通儿都知道。

“爹爹要回南方的家了，通儿太小，所以不能带通儿一块儿走。等通儿长大后，爹爹一定会来接通儿的。通儿要乖，要听叔叔的话，知道吗?”

苏武万般不舍地将通儿交托给李陵，哀别亡妻，悲戚上路。李陵牵着通儿的手，目送着他们离去的背影。

“子卿，一路小心！保重!”

“爹……爹……快来带通儿回家!”

“通儿……爹爹一定会来接你的!”

“少卿……您也要保重!”

声音不断地往返，直至彼此都再也听不见为止。

9. 归汉的一刻

众人不停地赶路，甚少说话，临别时的不幸使他们的归途被一片愁云笼罩着，一路上都在默默咀嚼心里的苦涩与哀伤。十九年前出使匈奴，如今才踏上返途，每个人的心中都有说不出的难言滋味。百人的出使团，有的已经投降，有的客死异乡，能跟随苏武回汉的，只剩下九人。

长安城已在眼前，漫漫的长路已到了终点，无尽的等待也快结束了。马儿风驰电掣地朝长安城的方向疾驰，苏武等人望着久别的故乡，早已热泪盈眶。十九年前出使的景象，又在脑海中涌现，历历在目。羁留匈奴十九年……仿佛那只是一场噩梦，如今，梦醒了。

长安城的百姓知道当年苏武率领的使节团终于归来了，天天引颈长盼，城外天天都有人在守候。这一天，守候的人见到不远处出现一队人马，立即兴奋地跑进城里大

声喊道：“回来了！苏大人的使节团回来了！”

苏武一行人来到了长安城。多么感人的一幕啊！家家扶老携幼，长安城的街道挤满了欢迎他们的老百姓。苏武持节牧羊北海的故事，早已传遍了整个长安城。苏武下马，走在往日熟悉的街道上。十九年……多少人、事、物已经改变，回首往事，一切恍然若梦，不胜唏嘘。苏武出使匈奴时正值壮年，回来时胡须和头发都已经白了。

昭帝下令为苏武准备牛、羊、猪三牲等丰厚的祭品，前往武帝园庙祭拜。十九年来，时时不忘归汉复命的苏武终于来到了武帝陵前，奉上汉节。历尽千辛万苦，此刻，苏武总算完成了他的使命。苏武拜倒武帝陵前，痛哭失声。

经过了十九年的引颈长盼，苏武终于见到了接他归汉的汉使。这在无望中燃起的希望，使他的种种难以言状的情绪，交织成复杂的感情！十九年前奉命出使，十九年后归汉复命，但武帝已无法亲见他的归来。苏武只能临河哭吊已逝的武帝，还有那像水一样滚滚流逝、一去不复返的岁月！

朝廷感念苏武出使匈奴多年，忠诚守节，不辱使命，任命苏武为典属国[1]，赏给他两百万钱、两顷公田和一所住宅。常惠等三人被拜为中郎，每人各赏两百匹帛。其余六人因为年老欲还乡，各赏十万钱，终身免除赋役。

苏武如今身在汉室，时时思念阿云，牵挂通国。李陵不时写有书信，告知通国近况，请苏武切莫过于挂念。苏武原本急欲赎回通国，不料此时又发生了一件不幸的事。命运似乎总爱捉弄这可怜善良的老人，要他不断承受丧失亲人之痛。

就在苏武归汉的第二年，朝廷发生了一件大事。上官桀的儿子上官安和燕王旦、盖长公主等人密谋造反，苏武的儿子苏元也因参与上官安的密谋而被牵连处死。有人上奏要求逮捕苏武，所幸霍光暗中扣下了奏章，只免去了苏武的官职，才使他不至于送命。

宣帝继位后，苏武又受到了重用，先被封为关内侯，后又再起用为右曹典属国。皇帝对他恩宠有加，大臣亦对他十分敬重。宣帝十分同情苏武年老丧子，知道他有一个儿子在匈奴之后，就派使者将他赎回，让他们一家团聚。

---

① 典属国：主管附属国和边境、域外少数民族事务的官。

苏武终于苦尽甘来，得以安享晚年了。通国随着使者回来后，被封为郎。苏武晚年生活十分美满，一直到八十多岁，才含笑挥别人世。

苏武去世后十年，匈奴内部分裂，五单于并立争位，混战不休。呼韩邪单于决定归降汉朝，亲自入朝谒见天子。匈奴与汉之间终于可以不用再战，达至永久的和平。宣帝追思前臣的功德，命人将十一名功臣的相貌绘在麒麟阁上，以供后人景仰，苏武就是其中一位。苏武不朽的人格节操，使他真如李陵所言，像历代古人中的功臣名将一样，名留青史，功垂万世。

为了追思这一位守节不屈的人物，后人纷纷建庙祭祀。在河北丰宁南关乡就有一座苏武庙，虽然始建年代不详，但曾在清朝康熙年间重修。庙中的苏武像看似饱经风霜，他目视前方，神色忧伤而又若有所思，思乡忧国之情溢于言表。庙旁伴着一棵苏武生前最爱的松树。而陕西苏武墓、苏武祠所在的苏山上，有一片朝南而生的柏林，相传这是因苏武对南方故土的深切思念凝聚而成的。

苏武牧羊的北海在今西伯利亚的贝加尔湖，然而有趣

的是，甘肃民勤县与宁夏宣和镇的寺口子都各有一座苏武庙。民勤县的羊路乡有一座苏武山，苏武庙就建在苏武山上。寺口子的苏武庙则是一个天然石窟。寺口子古时候的名字也叫作北海，当地还流传着苏武牧羊的故事，还有苏武牧羊遗址、苏武栖身石窟、苏武断桥、苦节堂、怀汉亭等，煞有介事。这石窟苏武庙藏在山中，必须先从山腰的缝隙进入，再弯着腰穿越一道窄小的崖槽通道。途中，还要经过搭在断崖上的“苏武断桥”，桥下是百丈深渊，惊险万分。庙里的苏武像手持使节向远方眺望，身旁还有放牧的小羊与狗，无忧地奔逐嬉耍着。

其实，苏武究竟有没有到过这些地方，史书上都没有明确的记载，是人们对苏武的崇敬之心，对高尚节操的向往，化为一个又一个的美丽传说。苏武持节十九年，从不言倦，也从不言悔。十九年，他的容颜改变了，变得苍老了、憔悴了，但意志依然坚定如故。苏武的故事感动了许许多多的人。人们建了苏武庙纪念他。唐代诗人李白、温庭筠与宋代的文天祥，都因感佩苏武的精神，而写下了追念苏武的诗。温庭筠在《苏武庙》一诗中，为苏武的遭遇发出深沉的感慨。

时至今日，虽然已经过去了两千多年的漫长岁月，但苏武不曾被人们所遗忘。他大义凛然、威武不能屈的崇高气节，已化为一股精神力量，鼓舞、激励着后世一代又一代的忠义之士。苏武的时代早已成为过去，但他的精神长存。苏武牧羊的故事也会永存在人们心底，一代一代地流传下去。

苏武小档案

前 140 年前 生于杜陵（现陕西西安）。

前 127 年 汉武帝派卫青等人出兵匈奴，收复河套地区的河南地（黄河以南的地方）。

前 124 年 父亲苏建随卫青出征匈奴，兵败被贬为庶民。

前 110 年 汉武帝大举巡狩边境，率兵十八万向匈奴示威，使者郭吉遭扣押。

前 100 年 且鞮侯单于即位。苏武以中郎将的身份，奉命出使匈奴，护送匈奴使者回归家园。

前 81 年 返回汉朝京师长安。

前 74 年 好友李陵病死。

前 60 年 病逝。

前 51 年 汉宣帝为彰显苏武的节操及功德，命人绘制苏武人像于麒麟阁。